Egon A. Stolze

MännerHERZ
kennt keine **Angst**
... und keinen SCHMERZ

AF208615

Autor:

Egon A. Stolze wurde 1939 in Herford geboren. Er war jahre-
lang als Produktmanager für Oberflächentechnik tätig. Lebens-
bedrohende Krisen haben sein Leben, sein Denken verändert.
Heute lebt er in Detmold und ist immer noch neugierig auf die
vielfältigen Figuren, die aus dem tiefsten Inneren seines Be-
wusstseins in sein Leben eingreifen.

EGON A. STOLZE

MännerHERZ
kennt keine ANGST
... und keinen SCHMERZ

WORT*SPIELE*
VON WIEDERENTDECKTEN LEBENS-
FIGUREN,
DER VERW*IRRUNG*
UND DER SUCHE
NACH NEUER ORIENTIERUNG

© Oktober 2006 by: *Egon A. Stolze*
Herstellung und Verlag: *Books on Demand GmbH, Norderstedt*
Umschlaggestaltung: *Egon A. Stolze*
Satz und Layout: *Egon A. Stolze*
ISBN: 3-8334-6552-2
ISBN: 978-3-8334-6552-9

Meinem Sohn Andreas gewidmet,
dem ich gern *mehr* gegeben hätte,
Der aber aus dem *Wenigen*,
das *Beste* gemacht hat.
Ich bin **stolz** auf ihn!

Inhalt

Im Bild des anderen
begegnen wir uns selbst.
Begegnen wir unserer Sehnsucht.
Begegnen wir unserer Angst.
Im Bild des anderen
fühlen wir unsere Möglichkeiten,
unsere Bestimmung zu uns selbst.
Werner Sprenger

Kinds*Tod*

Ich war schon früh an den Rand der Stadt gefahren. Sie lag auf einer Hochebene und vom Rand dieser Ebene hatte ich einen wunderbaren Blick über das Tal. Eigentlich war das Tal eine Tiefebene, die sich bis zu den fernen Bergen am Horizont erstreckte.

Schon als Kind war ich oft zu dieser Stelle gewandert. Von hier aus hatte ich viele wundervolle Sonnenaufgänge, meine Sonnenaufgänge, im Winter, Frühling, Sommer und Herbst beobachtet.

Jetzt war wieder Herbst. Im Herbst waren die Sonnenaufgänge am schönsten. Nur im Herbst färbten sich die Wolken in jenes purpurfarbene Rot, in dieses leuchtende Rot, welches ich so liebe. Nur im Herbst lag jener zarte rötliche Schleier aus feinem Nebel über dem Tal, dem der purpurrote Himmel seine Farbe schenkte.

Jetzt sass ich - nach vielen Jahren - wieder hier und sah, wie der Himmel am Horizont allmählich heller wurde. Ich ruhte auf "meinem" alten Baumstumpf. Eine alte Linde, vom Sturm zerbrochen, von Männern zersägt, hatte ihren Stumpf hinterlassen.

Mein Platz, die Reste eines toten Baumes. Hier konnte ich traurig sein, weinen, lachen und träumen, und in diesen Träumen spiegelten sich die Farben des frühen Morgens.

Vor vielen Jahren war ich mit meiner *ersten grossen* Liebe hier gewesen, und hatte IHR von meinen Traumfarben erzählt.

Sie hatte nur gelacht. Sie hatte über meine Gefühle gelacht, die wie die Farben des frühen Morgens in einem ständigen Wechsel wie ein lebendes Bild pulsierten, hell, dunkel, rot, blau, gelb, grün, sanft, kräftig und zart.

Ich liebte diese Stunde, sie war im Einklang mit meinen Gefühlen, ein Kaleidoskop, ein Meer der Farben, ein Quell der Vielfalt.

Das alles hatte ich IHR erzählt, doch sie hatte nur gelacht und mich einen Träumer genannt.

Das hatte wehgetan, und ich hatte mich meiner Gedanken und Gefühle geschämt, und meine Traumfarben - die Farben meiner Wirklichkeit - verleugnet, verraten.

Danach blieben die Farben aus, die Sonnenaufgänge verschwanden hinter dunklen Wolken, und es wurde finster um mich herum.

Die Wolken legten sich wie ein schwarzes Tuch über mein Leben, und mein *Inneres Kind* begann zu sterben...

... und als ich dann vielen, langen Jahren mein Leben, mein *Inneres Kind* wiederentdeckte, war ich froh nicht allein zu sein.

Zu gross war der Schmerz, den der Anblick dieses verschütteten, ausgemergelten und winzigen Körpers in mir auslöste.

Es schaute mich mit seinen sterbenden Augen an, und ich war vom Schmerz wie gelähmt, unfähig irgendetwas zu tun.

Letztendlich war es das HERZzerreissende Flehen in seinen sterbenden Augen, das mich aufrüttelte. Ich begann es vorsichtig auszugraben, hochzuheben und an mich zu drücken.

Als es dann seine kleinen, dürren Ärmchen um meinen Hals legte und sich mit einer aus tiefer Verzweiflung geschöpften Kraft an mich presste, hätte der nun explodierende Schmerz fast mein HERZ zerrissen.

Wieder war ich heilfroh, in diesem Moment selbst gehalten zu werden!

Wie hatte es doch immer geheissen?

"Wenn die Angst davonzulaufen, grösser wird als die Angst stehen zu bleiben, dann bleib stehen, dreh dich um, und sieh dich selbst!"

Es war das Bild meines sterbenden Kindes, in dessen hoffnungsvollem Sehnen immer noch ein Fünkchen Leben war.

Es war das Bild eines Kindes, das grossen Entbehrungen ausgesetzt und mit einem zähen Lebenswillen versehen war, dass diesen tief versenkten Schmerz - eng verwebt mit einem ebenso tiefen Glückgefühl - in mir explosionsartig an die Oberfläche sprengte.

Die Begegnung mit mir selbst!

Heute ist aus diesem *Inneren Kind* eine vielfältige Truppe geworden. Viele von ihnen sind inzwischen erwachsen, füllen und prägen mein inneres *Parlament.*

Einige habe ich in Pension geschickt, sie waren mit ihren veralteten Ansichten nicht mehr auf den neuesten Stand, und führten verstärkt zu destruktivem Handeln.

Ich habe immer noch Kontakt zu ihnen - und sie zu mir - und manchmal, wenn es allzu brenzlig wird, erweisen sie sich als Retter in der Not.

Es ist nicht leicht, es allen meinen *Parlamentariern* recht zu machen. Zu vielfältig und zahlreich sind ihre Wünsche und Bedürfnisse.

Und immer noch überhöre ich die Ängstlichen, die von mir in die hinterste Ecke verbannten.

Aber letztendlich sind es exakt diese verbannten, verwahrlosten, die mir dann gehörig vor das Schienenbein treten.

Das führt *UNS* dann alle wieder zusammen, oftmals sehr, sehr schmerzhaft.

Aber wir sind dann wieder *EINS*, und das Leben wird wieder lustvoll und leicht.

Dank meiner liebenswerten, lebensvollen und unermüdlichen *Kinder.*

Angst*Handlung*

Lange stand ich
im finsteren Innern
meines schützenden Hauses,
inmitten prächtiger Mauern.

Jedes Mal wenn mich
jemand entdeckt,
zeige ich mein schreckvolles Gesicht,
von grosser Angst geführt.

Erst als ich begreife,
dass diese Angst
die Menschen erschreckt,
ergreife ich die Hand, die mich spürt.

Ich erlebe das Wunder
vom Licht.
Endlich im Hellen,
erkenne ich mich.

Angst*Schritte*

Losgelassen, ohne Halt,
riskiere ich den ersten Schritt
und falle hin.

Aus Angst erneut zu stürzen,
suche ich nach neuem Halt,
und finde ihn schnell.

Bald steh ich fest
mit Krücken gut bestückt,
auf vielen neuen Beinen.

Die entwickeln ihr eigenes Leben,
das entzieht sich der Kontrolle,
und sie überholen mein eigenes Ich.

Druck*Ballon*

Der Schmerz den meine Sehn*Sucht*
nach dir auslöst,
sitzt tief in mir.

Wie ein prallgefüllter
Luftballon.

Jetzt ist die Zeit,
langsam, ganz langsam
den geballten Sucht*Druck* abzulassen.

Auf*Lösen*

Um mich zu befreien,
muss ich mich
ersteinmal meiner Fesseln entledigen.

Um mich zu entfesseln,
muss ich
ersteinmal mein verschachteltes Denken entwirren.

Um dieses Denken loszulassen,
muss ich
ersteinmal mein Vertrauen suchen.

Um das aufzunehmen,
muss ich
ersteinmal meine verkrampften Hände lösen.

Ent*Puppung*

Seit ich mich Stück für Stück entdecke,
sehe ich mich
wie die Puppen aus Holz,
die ineinandergeschachtelt,
vielschichtiges Dasein verkörpern.

Jedes Mal,
wenn ich mich
ent*Puppe*,
erscheint schon wieder
eine Neue.

Je öfter ich mich
ent*Puppe*,
je größer
wird die Angst,
dass es nun die Letzte ist.

Lehn*Platz*

Manchmal bin ich wie ein alter Baum,
rissig, krumm und voller Narben.

Keine Zierde für den Vor*zeige*Garten,
knorrig, verwildert und in der Krone voller Dornen.

Ich bin im Sturm gewesen,
standfest und aus hartem Holz.

Wer sich bei mir anlehnt, hat
einen guten Platz zum Ruhen und zum Leben.

Nur zum Schmücken,
in einem schmucken Garten eigne ich mich nicht.

September*Luft*

Sanft und mild,
umspült sie unsere Körper.
Sie duftet nach den reifen Gräsern,
in denen diese
eng umschlungen liegen.
Sie duftet nach den Früchten auf den Bäumen.

Wir sind wie diese Früchte,
prall und schwer,
durchtränkt von reifer, schwerer Süsse,
und dennoch luftgleich leicht
und grenzenlos.

Neu*Denken*

Wenn ich bin, wie ich bin,
bin ich eine Zumutung!

Ich schenkte diesen Worten
Glauben.

Ich betrog mein Gefühl,
und verlor den Glauben an mich.

Dann zertrümmert ein gewaltiges Beben,
mein vertrautes Denkgerüst.

Und aus den Trümmern wispert ein Stimmchen:
"Du bist, so wie du bist, liebenswert, wertvoll und gut!"

Jetzt versuche ich, so mühsam es auch ist,
diesen leisen Worten mein Ohr zu schenken.

Licht*Kinder*

Aus dem tiefen Dunkel des Seins
steigen die bedürftigen Kinder,
und schreien über den Mangel an Wärme und Licht.

Ich spüre
ihre verzweifelte Wut,
sie sticht tief mir tief in das Herz...

und ich bedecke die schreienden Seelen
meiner sterbenden Kinder
mit Verachtung und Scham.

Dann fällt die schwarze schwere Decke,
beschert mir eine grauenvolle Nacht.
Endlich erhellt der Morgen den keimenden Schein.

Und plötzlich bin ich erfüllt
von strahlendem Licht,
und sehe mein hungriges, verkümmertes Sein.

Ich finde euch wieder, Kinder des Lichts.
Ihr seid mein Leben, meine Liebe.
Ich vergesse euch nicht!

Lasten*Träger*

Wenn ich immer
gegen alles
gerüstet
sein will,
muss ich
verdammt viel
Rüstzeug
tragen.

Ich muss
aufpassen,
dass das
nicht lästig
wird,
wenn ich mal nicht mehr
so rüstig bin.

Licht*Schein*

Nach der dunkelsten Nacht,
kommt jedes Mal ein neuer Tag.
Auch wenn dessen Himmel
noch so finster erscheint,
dahinter liegt immer
das strahlende Licht.

Liebes*Fragen*

Gemeinsam lachen, weinen,
hungrig und auch satt sein.
Höchste Lust,
gepaart mit tiefstem Schmerz empfinden.
Ist es Liebe?

Gemeinsam einen Weg begehen,
dem Alten losgesagt,
dem Neuen, Unbekannten rückhaltlos entgegen.
Der großen Angst ins Auge sehen.
Ist das Liebe?

Gemeinsam tausend Fragen spüren,
im Kopf, im Bauch und tief im Innern
sehnsuchtsvoller Herzen.
Im ganzen Körper,
alles fühlen und nichts wissen.
Ist das *die* Liebe?

Sich verfluchen und sich hassen,
sich vermissen und sich sehnen.
Eins*Sein* wollen,
und sich trennen und verlieren.
War das Liebe?

Fremd*Strom*

Du schwebst ins Zimmer,
ein Hauch von deinem Duft
weht in mich hinein.

Ein Strom von intensiver Wärme
verbreitet sich in meinem Körper,
erfüllt die kleinste Zelle meines Seins.

Mauer*Sprung*

Ohne Mauern hätten Türen
und Fenster keinen Sinn.

Ohne sie hätten Dächer
und Decken keinen Halt.

Ohne sie hätte ich nie erlebt,
dass ich so einsam bin.

Ohne die, hätte ich mich nie getraut,
den Blick nach außen zu riskieren.

Ohne den, hätte ich nie begriffen,
wie ängstlich und mutig ich doch bin.

Meer*Sein*

Wilde Wogen,
sturmgepeitschte Brandung,
zerstört die Deiche und das Land.

Sanft wie ein Schleier
singt es mir mit tiefer Stimme ein Lied.
Und dann wieder grollt es und schreit.

Voll von lebendiger Kraft.
Immer präsent.

Es tobt mit mir,
es zerrt an mir,
reißt sich den Weg durch den Damm,

und strömt mich dahin,
bis in den letzten Winkel meines Seins.

Meeres*Rauschen*

Unser Blick schweift in die Ferne,
über den riesigen Strand zum Horizont,
wo Meer und Himmel
ineinanderfließen.

Du stehst neben mir.
Die sanfte Berührung unserer Körper,
lässt das Blut
in meinen Adern rauschen.

Reise*Gepäck*

Immer wenn ich eine Reise unternahm,
stelle ich abschließend fest,
dass ich wiedereinmal zuviel Gepäck mitgenommen
habe.

Immer wenn ich auf Reisen bin,
bemerke ich, dass mein Denken sehr häufig
an den eingepackten Sorgen hängt.

Nun weiß ich wenigstens,
warum ich oftmals nach einer Reise
so mitgenommen bin.

Rosen*Denken*

Mitten im Birnbaum
blühst du im luftiger Höhe.

Deine Artgenossen stehen im Schatten,
am Fuße des Stammes mit spärlichen Knospen.

Du dagegen strahlst
im hellen Sonnenlicht!

Du hast nie gedacht,
du hast dich nie gefragt,

was die anderen Rosen
über deinen Größen*Wahn* denken.

Du hast es gut,
du bist eine Rose.

Rück*Halt*

Als Kind habe ich oft gedacht,
dass meine Eltern hinter mir standen,
um mir den Rücken zu stärken.
Dabei wurde ich oft nur vorgeschoben.

Diese schwere Last,
die hat mir die Beine gestärkt.
Darum wirft mich heute vieles auch nichts um,
jedenfalls nicht so schnell!

Schul*Weisheit*

"Wer mit dem Leben spielt,
kommt nie zurecht.
Wer sich nicht selbst befiehlt,
bleibt immer Knecht",
lehrten mich einst die Lehrer.

Heute denke ich:

"Damit ich mit mir
zurechtkomme,
will ich
spielend lernen.
Um nicht immer Knecht zu bleiben,
werde ich mir das selbst befehlen!"

Schwel*Brand*

In mir brennt ein Feuer, schmerzvoll und heiß.
Niemand sieht es,
nur mein angstvolles Schreien wird gehört.

Der Schrei erstickt,
das Feuer erlischt und schwelt dahin,
vom Sterben bedroht.

Ein frischer Wind bläst durch die
berstende Mauer,
Entfacht die schlummernde Glut.

Gierige Flammen züngeln aus glutvoller Seele empor.
Das Feuer schreit grell und laut,
und lodert mir aus dem Gesicht!

Zerr*Spiegel*

„Im Bild des Anderen begegnen wir uns selbst!"

Heute bestimme ich, wann, und wie oft ich mir den
oftmals verzerrten Spiegel der anderen vorhalten lasse.

Nur ich, und sonst niemand.
Alles klar?
Spiegelglasklar!

Seelen*Durst*

Voll von tiefem Schmerz
und höchstem Liebesglück
vermischen sich die Tränen.

Zwei Menschen*Seelen*, halb verdurstet,
haben endlich die bis zum Rand
gefüllten Gläser aufgespürt.

Die vom Liebes*Trunk* berauschten,
werden augenblicklich wieder blind,
und die Leere füllt ihr Leben wieder aus.

Still*Stand*

Ein Jahr,
und noch ein Jahr,
die Jahre,
sie leben dich weiter.

Das Leben,
ein Ringelspiel.
Es dreht dich im Kreis,
immerzu.

Du drehst dich mit,
bist wie Kreisel,
stehst du still,
verlierst du den Stand.

Und liegst du am Boden,
prachtvoll und bunt.
*D*ein Kind wird dich finden,
und bringt dich wieder in Schwung.

StützMauer

Es begann damit,
dass andere und auch ich,
meine Mauern
entdeckten.

Dann versuchten die anderen
und letztendlich auch ich,
diese Deckung
gewaltsam einzureißen.

Da wurde mir angstvoll bewusst,
dass diese Mauer
ein wichtiger Bestandteil meines Hauses war.
Sie verhinderte, dass alles über mir zusammenstürzte.

Heute pflege ich mein Mauerwerk,
und wenn ich will,
öffne ich dem einen oder anderen
die Tür.

Tages*Lauf*

Die dunkle Nässe liegt noch über
den Häusern, den Sträuchern
und den Bäumen der Stadt.

Die Tropfen des nächtlichen Regens
glitzern,
spiegeln sich im jungen Licht.

Es wird hell,
der Tag ist
geboren.

Wird alt und stirbt,
um die Geburt
der Nacht einzuleiten.

Tauch*Gründe*

Ich entfliehe der Schwerkraft,
übergebe mich dem Auftrieb des Wassers und
schwebe zwischen oben und unten.

Voll Faszination und Angst,
getrieben von Ehr*Geiz*
und Sehn*Sucht* nach Neuem,

tauche ich ins finstere Schwarz.
Bin ich dann unten, fehlt mir die Luft,
und muss wieder nach oben.

Tauche erneut in den un*gründ* lichen Schlund,
im Durchbrechen der Grenzen,
spüre ich die neuen auf.

Ist dieses das Leben,
das Ab und das Auf,
die Suche nach Gründen und Grenzen?

Oder ist es ganz anders:
Die Sonne scheint wärmend vom Himmel.
Nur auf den, der oben schwimmt?

Bitter*Orange*

Eine wilde bunte Obstbaumwiese,
umschließt zwei saftig lebensvolle Körper,
die hungrig sind und voller Gier.

Lippen suchen sich und finden,
trinken leidenschaftlich den wundersamen Saft,
der süchtig macht, nach mehr.

Gierig gießen sie die Fülle in ihre ausgedörrten Herzen.
Doch auf dem Grund des süßen Nektars,
spüren sie schon bald den bitteren Geschmack
der Neige.

Der Rausch verdirbt die Innigkeit der Nähe,
rückt sie in eine dunkle, leere Ferne.
Zurück bleibt nur das Sehnen.

Genährt von hoffnungsvollem Bangen,
löst der Schmerz der Trauer
auch diese Sehn*Sucht* auf.

Zurück bleibt nur die unerquickliche Erkenntnis,
dass alles was wir finden,
auch rettungslos verloren ist.

Luft*Not*

Je mehr mir bewusst wird,
dass heute alles
meiner Verantwortung unterliegt,
umso heftiger winde ich mich,
sie abzuschütteln.

Je mehr ich mich winde,
umso fester zieht sich die Schlinge zu...
bis mir die Luft zum Atmen fehlt.

Ver*Bindung*

Es ist ein wunderbares Gefühl,
aufzuwachen,
den Morgen begrüßen,
die Sonne dem Nebel entsteigen zu sehen.
In den Tag tauchen,
um das Leben wissen.

Und spüren,
da ist noch jemand,
der in dieser Sekunde
ähnliche Gedanken,
ähnliche Gefühle
und Empfindungen hat.

Gier*Voll*

Immer, wenn du gehst,
spüre ich mit Schmerz
in mir die große Leere.

Die leere Seele
schreit voll Gier
nach mehr.

Dennoch ist mein Liebesspeicher,
voll von begehrlichem Ersehnen,
ständig leer.

Zeit*Gestehen*

Vorgestern war ich klein und schwach.
Ohnmächtig hat mich meine Angst blockiert,
hab mich der zerstörenden Gewalt ergeben.

Gestern noch war diese Angst gewaltig.
Fern von jeglichem Bewusstsein stürzte ich zu Boden,
zum erstenmal dem Schmerz entrückt.

Heute ist mir dieser Schmerz bewusst.
Ich schreie auf, entflammt in Wut,
beginne mich zu wehren.

Ich werde wütend um mein Leben kämpfen.
Doch wird mich diese Wut zerstören
rückhaltlos, bis in den Tod.

Morgen, wenn ich dann im Sterben liege,
werde ich die neuen Wege finden
und liebevoll beflügelt zu mir stehen.

WirrDenken

Ich dachte,
ich könnte ihr *mein* Denken nicht zumuten.

Sie dachte,
sie könnte mir *ihr* Denken nicht zumuten.

Das brachte der Liebe
unausweichlich den Tod.

Dabei war *uns*
erbärmlich zumute.

Wann werden *wir* endlich begreifen,
dass das unzumutbar ist.

Gift*Geschenke*

Gross war jedes Mal
die Freude,
wenn man mich beschenkte.

Nun erkenne ich,
Geschenke
sind auch eine Last.

Es wird höchste Zeit,
all the Gifts zu durchleuchten,
um die kontaminierten auszusortieren.

Denn es schadet meinen Augen,
wenn sie im Licht
der Dankbarkeit verstrahlen.

Frauen*Glück*

Endlich *dem* Mann begegnen,
der das hat,
wonach *sie* ihr Leben lang gesucht hat,
und dann sehen,
dass *sie* nicht mag,
was *sie* an ihm findet.

Frauen_Leiden_

Nicht sagen
was _frau_ will,
aber leidend
darauf warten,
dass einer kommt
ihr die
unbenannten Wünsche
zu erfüllen.

Männer*Leiden*

Ihr begegnen,
sie anziehend finden.
Die Fanta*sie* einziehen lassen,
und *sie* darin ausziehen.

Und sich leidend wundern,
dass *sie* blitzschnell abzieht.

Men*Power*

Sehnsuchtvolles Suchen,
sie finden.
Sich verraten,
bis *er* IHR gefällt.

Sie auf liebestollen Händen tragen
und in den siebten Himmel heben,
um sie mit stolzgeschwellter Brust zu zeigen:
"Seht alle her, ICH bin der Supermann!"

So emporgehoben,
schauen auch die
anderen Supermänner auf,
und erwachen mit Begehren.

Schmerzlich ist dann das Begreifen,
dass *sie* sich bald als superschwere Last erweist.
Bevor *er* dann zusammenbricht,

mag er manchmal noch erkennen,
dass *sie* schon längst ein
neuer Power*Man* gefangen hat.

Irgend*Wie*

Tastend
gingen wir
aufeinander zu.
Vorsichtig!

Ich fand dich,
wahnsinnlich
schön.
Engelhaft!

Ich sehe dich im strahlenden Licht,
und dennoch blieb mir das meiste von dir,
im Dunkeln verborgen.
Geheimnisvoll!

Und ich sagte dir: *Ich liebe dich!*
Und du sagtest,
dass du mich ebenfalls liebst.
Irgendwie!

Ich denke, ich ahne, ich weiß:
Ich werde diese Liebe vergraben,
im Garten, im Schutze der Nacht.
Heimlich!

Dort wird sie sterben,
aus Mangel an Licht,
an Wärme und Nähe.
Irgendwann!

Gottes*Kinder*

Da kommt das bedürftige *Kind*,
und holt sich die fehlende Wärme,
die es seit Langem entbehrt.

Es schenkt mir sein blindes Vertrauen,
stößt mir die Botschaft mitten ins Herz:
Du belegst meine sterbende Seele
mit riesigen Schollen aus Eis!

Schmerzhaft dringt die Erkenntnis,
wie ein flammendes Schwert
glutvoll in mein gefrorenes Sein.

Mit seinem Bedürfnis nach Liebe und Nähe,
durchdringt das *innere Kind*
letztendlich jeden erdenklichen Schutz.

Gott sei Dank.

Eis*Berg*

Immer wenn wir einander nähern,
ecken wir an
und der Schmerz stößt uns ab.

Wenn wir uns besinnen,
dass wir das Wasser sind,
in dem wir unser *Sein* eingefroren haben,

können wir uns
den warmen Gewässern hingeben,
und miteinander verschmelzen.

Affen*Zahn*

Manchmal rase ich
mit so hoher Geschwindigkeit
über meine *Seelen*Autobahn,
dass Bäume und Büsche am Straßenrand,
mächtig ins Wanken geraten,
und die jungen, zarten Triebe
sogar herausgerissen werden.

Was nützt mir da
eine aufwendige Aufforstung,
wenn ich nicht warten kann,
bis die empfindsamen Gewächse
Wurzeln gefasst
und Halt gefunden haben!

Feuer*Kinder*

Immer wieder muss ich
mit dem Feuer spielen
und leuchtende Flammen entfachen.

Sie tauchen die große Dunkelheit
um mich herum
in gleissendes Licht.

Bleibt nur zu hoffen,
dass meine
Feuer*Kinder*

ihr Geschick im Umgang
mit dem Löscheimer
nie verlieren.

Auf*Wertung*

Immer wenn du
mir auf den Füßen standest,
und ich wütend wurde, sagtest du:
Mein Gott, du bist eine Zumutung!

Als ich meinen Schmerz,
der sich hinter meiner Wut verbarg,
entdeckte und benannte, sagtest du:
Mein Gott, bist du empfindlich!

Lange habe ich dir geglaubt,
bis ich entdeckte,
dass es *deine* Angst vor *deinen* Gefühlen ist,
die *meine* Gefühle mit Ab*Wertung* belegte.

Es wird höchste Zeit,
dass ich *meine* Angst annehme,
und meinen Gefühlen endlich
die entsprechende *Wert*ung entgegenbringe.

Kinder*Bus*

Ich sitze im Bus des Lebens
und brause dahin.
Hinter mir die große Schar
meiner prächtigen *Kinder*.

Ein wilder Haufen, lärmend, lachend und laut:
fahr dort hin,
los nach rechts, nein, lieber nach links
mach eine Pause, bring uns schnell wieder fort.

Sind sie dann müde und still
bin ich erschöpft,
und mir fehlt
ihre Bestimmung zum Kurs.

So sind sie, *meine Kinder*
und so bin ich:
immer damit beschäftigt, sie unversehrt
ins heimische Nest zurückzubringen.

StörFall

Oh,
ihr lebensvollen
lachenden
wütenden
schrillen
schreienden
tobenden
verletzten
schmerzerfüllten *Kinder.*

Oh,
ich habe schlecht
für *euch* gesorgt,
indem ich euch
immerzu dorthin
mitnahm
wo *ihr* nicht
willkommen ward.

Oh,
kein Wunder
wenn
euch
das
immer wieder
mächtig
an *mir*
ge*stört* hat.

Auf*Bäumen*

Manchmal fühle
ich mich
wie jene Buche
im Garten des Nachbarn.

Weil sie
Angst hatten,
sie würde ihnen
zuviel Licht nehmen,
wurde sie
immer wieder
beschnitten.

Jetzt wurde sie sogar gefällt.
Aber dennoch schlägt
sie wieder aus.

Liebes*Gruss*

(für Renate)

Dein Brief, deine Worte
weichen mein Herz.
Ich spüre die Liebe
als inneren Ruf:

Es ist wundervoll, dass es dich gibt!
Du bist der Quell meiner Freude
und ich schätze mich glücklich,
dir begegnet und immer noch nah zu sein.

Dein Mann, der dich braucht,
um *dir* seine Liebe zu schenken!"

Licht*Achtung*

Im unendlich großem Weltgefüge
bin ich nur
ein winzig kleines *Licht*.

Wenn ich mir nicht mehr Be*Achtung* schenke,
werde ich bald im Glanz der Supersterne
unheilvoll zugrunde gehen.

Luxus*Leben*

Jeden Tag einmal gestaunt,
wie ein kleines Kind,
dass den Wundern dieser Welt begegnet:

Die Regentropfen an der Fensterscheibe,
in denen sich der purpurrote
Wintermorgenhimmel widerspiegelt,

der Forsythienstrauch,
der jetzt im Dezember
seine goldenen Blüten präsentiert.

Oft ist dieses Staunen jener Luxus,
den wir Erwachsene
uns meist versagen.

Heute ist ein guter Tag
in diesem *Luxus*
voll zu schwelgen.

Sonnen*Licht*

Lächelnd, schwingend
wiegt es sich in milder Luft.
Lustvoll tanzend
schwebt es nieder.
Fällt auf meine nackte Haut.

Glückreiche Tränen entspringen dem Auge,
fangen den lichtstarken Strahl.
Umschlingen ihn innig,
und sinken als funkelnde Sterne
in die Tiefe des Seins.

Wasser*Welt*

Du bist der frische Morgentau,
tanzt im Licht der frühen Sonne funkelnd
am zarten Halm hinab,
verfließt dich auf dem Boden.

Luftgleich leicht, als Nebelschleier steigst du auf,
bis an den Rand des Himmels.
Vom kalten Wind erfasst,
stürzt du dann als Regen nieder.

Rauschend findest du den Weg ins Tal,
triffst auf manchen harten Stein
und bleibst doch du, verlierst dich nicht.

Vermischt dich dann mit Sand und Sedimenten,
dienst als Transporteur von Gift und Müll,
strömst dem weiten Meer entgegen.

Aus dem erhebst du dich als wilde Woge,
springst dem Fels entgegen, zur Gischt entflammt,
vermischt dich mit dem Ozean.

Du bist das Wasser aus dem Nebel,
das Meer aus tausend Flüssen,
weich und dennoch *härter* als der Stein.

Du bringst das Leben und den Tod,
polarisierend ist dein Sein.
Bin ich wie du,
eins mit allem und doch allein?

Sun*Down*

Gierig schleckt die ausgedörrte Zunge
den herben frischen Abendwind.
Das Auge trinkt die bunten Himmelsfarben.
Die lebensvolle Stille wird von meinen Ohren
aufgesaugt.

Trunken torkle ich an den Rand der Klippe
und stürze in den Schlund der klaren Nacht.
Noch im Fallen spüre ich die un*heil* volle Angst,
in der ich dann den Kern von grosser Seeligkeit
entdecke.

Denk*Programm*

Wenn ich heute eine Begegnung habe,
die mich an ein Erlebnis aus der Vergangenheit erinnert,
durchsucht meine Software augenblicklich meine Fest-
platte nach gespeicherten Datensätzen.

Ich kann sicher sein,
dass mein Prozessor *bit*schnell Spuren
einer längst gelöschten Datei findet,
und diese automatisch reaktiviert.

Obwohl ich das neueste Update der
Version *ego*N 67.0 downgeloadet habe,
scheinen immer noch Spuren der *Uralt* Version
*ego*N 1.0 vorhanden zu sein.

Aber mir-sei-dank,
zwischenzeitlich habe ich gelernt,
geschickt mit der Maus umgehen,
um fix auf ***Rückgängig: Eingabe*** zu klicken!

*(mal mehr, mal weniger fix ... doch es lebt die Hoffnung, dass
eines guten Tages nicht einmal mehr ein Klick erforderlich ist)*

Dank*Sagung*

Meiner herzlicher Dank gilt: Meinen *Eltern*, die nur ihr Bestes gaben, auch wenn es zunächst den Anschein hatte, dass es für mich nicht das Beste war, so war es doch gut; *Werner Sprenger*, dem Schriftsteller und Meditationslehrer, der mich mit seinen Gedanken und Gedichten auf den Weg zu neuer Sichtweise brachte; *Julia und Jeff Gordon*, die mich dabei liebevoll unterstützten, diesen - oftmals sehr schmerzvollen - Weg weiterzugehen; *Dr. Reinhard Ittermann*, meinem Freund, dessen Urteil mir besonders wichtig ist, und der mir den Rücken stärkte, diese Sammlung meiner Gedichte zu veröffentlichen; meiner Frau *Renate*, die trotzalledem zu mir gehalten, und mir durch ihre Wertschätzung Mut gemacht hat, und ich danke *mir*, dass ich mich - trotz grosser Angst und Bedenken - zu dem Entschluss, diese Gedichte öffentlich zu machen, heute durchgerungen habe.

Detmold_Samstag, 21. Oktober 2006